William Guy Carr, R.D.

Die Verschwörung zur Zerstörung aller Bestehende Regierungen und Religionen

ⒸMNIAVERITAS.

William Guy Carr
(1895-1959)
Kommandant der Königlichen Kanadischen Marine

William Guy Carr (1895-1959) war ein kanadischer Marineoffizier und Autor. Er schrieb ausführlich über Verschwörungstheorien, vor allem in seinem Buch *Pawns in the Game*. Sein Werk hat sowohl Einfluss als auch Kritik erfahren.

DIE VERSCHWÖRUNG ZUR ZERSTÖRUNG ALLER
BESTEHENDE REGIERUNGEN & RELIGIONEN

The Conspiracy To Destroy All Existing
Governments and Religions
Erstmals 1958 veröffentlicht

Übersetzt und veröffentlicht von
OMNIA VERITAS LTD
⊘MNIA VERITAS®
www.omnia-veritas.com

© Omnia Veritas Limited – 2025

Vorwort

Über das Buch

Diejenigen, denen es schwerfällt, die Tatsache zu akzeptieren, dass die USA das Ziel politischer und wirtschaftlicher Verschwörungen sind, sind nicht bereit für dieses Buch, das sich mit einer Verschwörung auf einer viel höheren Ebene befasst.

Der Durchschnittsbürger ist mit der Geschichte und der Dokumentation nicht vertraut. Es ist ihm auch noch nicht klar geworden, dass die Mächte des Bösen ebenso real sind wie die Mächte des Guten.

In diesem Buch wird der Leser mit der Veröffentlichung von Geheimdokumenten durch Professor Robison und vielen späteren Enthüllungen konfrontiert. Dann wird er vom Autor schnell durch die Geschichte geführt, der den Faden der Verschwörung durch die Zeit verfolgt.

Plötzlich werden die Warnungen, die er über die eine Weltregierung gehört hat, verständlich, denn er erfährt, dass die Verschwörung schon immer darauf abzielte, eine Regierung über die Welt zu errichten, deren Macht sie dann an sich reißen könnte. Das ist etwas ganz anderes als die Einheitsregierung, die die meisten Christen vom Herrn erwarten.

Die Verschwörer haben eine umfassende Philosophie über die Menschheit. Sie sind sich bewusst, dass Gott diese Erde erschaffen hat und uns durch hierher gebracht hat, eine Geburtsmethode, die uns das persönliche Wissen über eine frühere Existenz vorenthalten hat. Dann stattete er uns mit einem Intellekt aus, der Inspiration sowohl aus guten als auch aus bösen Quellen empfangen kann. Mit dem ihm verliehenen freien Willen war der Mensch also in der Lage, auf dieser Erde geprüft zu werden, wenn sein Körper die Entscheidungen seines Verstandes für positive oder negative Ziele in die Tat umsetzte.

Die Verschwörer haben mit großer Sorgfalt darauf geachtet, dass ihre Existenz und ihre Pläne nicht durch geheime Schwüre, Spott und Mord aufgedeckt werden. Die wahre Lehre soll erst enthüllt werden, wenn ihre Organisation die despotische Vorherrschaft erlangt hat. Hier offenbart sich eine dreiste und teuflische Verschwörung, die darauf abzielt, die Menschen durch Betrug, Schrecken und Gewalt ihrer gottgegebenen Freiheit zu berauben.

Die Massen sollen mit überschwänglichem Lob und extravaganten Versprechungen umschmeichelt werden, wobei sie wissen, dass „das Gegenteil von dem, was wir versprechen, hinterher vielleicht auch gemacht wird... das spielt keine Rolle.

Aus dem Grab spricht die Stimme von Carr,

> „Mailen oder verteilen Sie Exemplare dieser Ausgabe an alle, die Sie sich vorstellen können. Es ist erstaunlich, welche Ergebnisse erzielt werden, wenn ein paar Exemplare in gute Hände gelangen."

Er war stets zuversichtlich, dass die Wahrheit den Sieg davontragen würde.

1796 veröffentlichte *John Robison*, Professor für menschliche Philosophie und Sekretär der Royal Society in Edinburgh, Schottland, Dokumente, die ihm von Mitgliedern der Weishaupt'schen Illuminaten anvertraut worden waren, während er vor dem Ausbruch der Französischen Revolution im Jahr 1789 durch Europa gereist war. Robison war ein hochgradiger Freimaurer. Aus diesem Grund waren ihm die geheimen Dokumente anvertraut worden. Er hatte sie eine ganze Weile in seinem Besitz, bevor er sie las. Als er damit fertig war, erkannte er, dass es sich um eine Kopie von Weishaupts überarbeiteter Version der uralten luziferischen Verschwörung handelte und um eine Erklärung, wie er beabsichtigte, die Mitglieder des Ordens und der Sekte der Illuminaten zu benutzen, um sie zu ihrem endgültigen Ziel zu führen, nämlich die Kontrolle über die zu errichtende Erste Weltregierung und die Auferlegung der luziferischen Ideologie auf die menschliche Ethnie durch despotischen Satanismus.

Die Publikation von John Robison trug den Titel *„Beweis einer Verschwörung zur Zerstörung aller Religionen und Regierungen in Europa"*. Die darin enthaltenen Informationen bestätigten lediglich, was die bayerische Regierung 1786 unter dem Titel „The Original Writings (Protocols) of the Order and Sect of the Illuminati" veröffentlicht hatte und was auch Zwack unter dem Titel „Einige Originalschriften" veröffentlicht hatte. Vor dem Ausbruch der Französischen Revolution im Jahr 1789 schickte die bayerische Regierung Kopien von Weishaupts Plan, mit Hilfe seiner neu organisierten Illuminaten alle bestehenden Regierungen und Religionen zu zerstören, an alle Oberhäupter von Kirche und Staat. Doch die Warnung wurde ignoriert. The fact that the Illuminati have had the power to maintain their identity and intention to enslave the Human Race, body, mind, and soul, as a secret has enabled the conspirators to develop the conspiracy to its semi-final stage. Der Zweck dieses Artikels ist es, zu erzählen, wie sich die Verschwörung seit 1798 bis zur Gegenwart entwickelt hat. Wir enthüllen auch die Einzelheiten des Plans, den General Albert Pike von 1850 bis 1886 ausgearbeitet hat, um die Verschwörung zu ihrem Abschluss zu bringen.

Weishaupt war Professor für Kirchenrecht an der Universität Ingolstadt, als er die uralte luziferische Verschwörung überarbeitete und modernisierte, um die menschliche Ethnie daran zu hindern, Gottes Plan für die Herrschaft über die Schöpfung auf dieser Erde zu verwirklichen, damit sie schließlich die luziferische Ideologie den Gojim (dem menschlichen Vieh) durch satanische Willkür aufzwingen können. Von 1770 bis 1776 wurde er vom neu organisierten Haus Rothschild finanziert, und zwar auf genau die gleiche Weise, wie diejenigen, die heute die Aktivitäten der Illuminaten leiten, von den steuerfreien Stiftungen finanziert werden, die zu diesem Zweck von Multimillionären wie den Rockefellers, Carnegies und Fords gegründet wurden. Die bayerische Regierung kam Weishaupts Verschwörung auf die Spur, als Gott 1786 einen seiner Kuriere durch einen Blitzschlag tötete, als dieser auf dem Weg nach Paris durch Regensburg ritt. Die Polizei fand ein Exemplar der überarbeiteten Fassung der Verschwörung, das an Mitglieder von Weishaupts Illuminaten versandt worden war, die für die Anzettelung der Großen Französischen Revolution verantwortlich gemacht wurden. Dieses erste große Projekt, das zur endgültigen Zerstörung aller Regierungen und Religionen führen sollte, war für das Jahr 1789 geplant.

Weishaupts Plan ist denkbar einfach. Er organisierte die Illuminaten und gründete dann die Großorient-Logen, um die Illuminaten in die blaue oder europäische Freimaurerei einzuschleusen und die Logen als ihr geheimes Hauptquartier zu benutzen. So konnten die Verschwörer unter dem Deckmantel der Philanthropie operieren.

Weishaupt hatte nie die Absicht, dass irgendjemand außer speziell ausgewählten Freimaurern aus den höheren Graden „Das volle Geheimnis" lernen sollte. Nur diejenigen, von denen bekannt war, dass sie sich vollständig vom allmächtigen Gott abgewandt hatten, wurden in die höheren Grade der Logen des Großen Orients eingeweiht und erfuhren, dass die Illuminaten eine geheime Organisation waren, deren Orden sich dem Ziel verschrieben hatte, eine Eine-Welt-Regierung - in welcher Form auch immer - zu bilden, deren Macht sie an sich reißen wollten, um der Menschheit ihre Ideologie aufzuzwingen: die Anbetung Luzifers. Weishaupt erklärte, dass diese Aktion dauerhaften Frieden und Wohlstand gewährleisten würde. Nur Eingeweihte des letzten Grades durften wissen, dass die luziferische Ideologie der Menschheit durch satanische Despotie aufgezwungen werden sollte.

Wie sich zeigen wird, sind nur die Adepten des letzten Grades als Hohepriester der Synagoge des Satans eingeweiht; sie beten Luzifer an, im Gegensatz zu unserem Gott, den sie Adonay nennen.

Der Plan der Illuminaten besteht darin, einflussreiche Personen mit Geld und Sex zu bestechen, um sie unter ihre Kontrolle zu bringen. Sie benutzen sie dann, um die geheimen Pläne der Illuminaten voranzutreiben. Jugendliche aus gut erzogenen Familien mit internationalen Neigungen werden ebenfalls ausgewählt und auf Privatschulen geschickt, wo die Illuminaten sie mit internationalen Ideen indoktrinieren und sie dann so ausbilden, dass sie sich für Positionen in Politik und Religion als „Spezialisten", „Experten" und „Berater" qualifizieren. Die Illuminaten nutzen dann den Reichtum, die Macht und den Einfluss ihrer Mitglieder, um ihre „Agentur" in Schlüsselpositionen hinter den Kulissen der finanziellen, industriellen, erzieherischen und religiösen Aktivitäten aller Regierungen zu platzieren. Sie formen dann die Politik so, dass sie mit dem luziferischen Plan übereinstimmt, Kriege und Revolutionen in immer größerem Umfang zu fördern. Weishaupt legte fest, dass die Illuminaten den Kommunismus, den Nationalsozialismus und den politischen Zionismus organisieren, finanzieren, leiten und kontrollieren sollten, um die Aufgabe der Illuminaten zu erleichtern, die Weltbevölkerung in immer mehr gegnerische Lager aufzuteilen.

Diese Politik der Selbstauslöschung sollte fortgesetzt werden, bis nur noch der Kommunismus und das Christentum als Weltmächte übrig blieben. Wenn dieses Stadium der Verschwörung erreicht ist, werden die Illuminaten den größten sozialen Kataklysmus auslösen, den die Welt je erlebt hat, und die Gojim, die von den atheistischen Kommunisten kontrolliert werden, und diejenigen, die sich zum Christentum bekennen, werden sich so lange bekämpfen, bis sie sich gegenseitig zu zig Millionen abgeschlachtet haben. In diesen Weltkriegen wird der Teufel seine reichste Ernte an Seelen einfahren.

Dieses Gemetzel soll weitergehen, während sich die Illuminaten, ihre millionenschweren Freunde, Wissenschaftler und Agenten in Sicherheit und Luxus in zuvor errichteten, in sich abgeschlossenen Heiligtümern (Südflorida, die Westindischen Inseln und Inseln in der Karibik) entspannen, bis beide Seiten buchstäblich ausgeblutet sind und physisch und ökologisch völlig erschöpft sind. Sie werden dann keine andere Wahl haben, als eine Eine-Welt-Regierung als ihre einzige Hoffnung zu akzeptieren. Die Illuminaten werden dann die Macht dieser Regierung an sich reißen und ihren Führer zum König und Despoten der ganzen Welt krönen.

Dann, und nicht erst dann, wird die Synagoge Satans (die schon immer alle subversiven Organisationen kontrolliert hat und dies auch jetzt tut) durch eine universelle Manifestation den Gojim zum ersten Mal das wahre Licht der reinen Lehre der Luziferianischen Doktrin offenbaren und die luziferianische Ideologie dem, was von der menschlichen Ethnie übrig geblieben ist, mittels satanischer Despotie aufzwingen.

Wir sehen also, dass das Problem nicht zeitlich und materialistisch ist, wie diejenigen, die die Verschwörung leiten, uns glauben machen wollen. Wir befinden uns in einer Fortsetzung der luziferischen Revolte gegen die höchste Macht und Autorität des allmächtigen Gottes den die Luziferianer Adonay nennen. Wir werden über die unendliche Güte unseres Gottes belehrt, aber wir werden in Unkenntnis darüber gehalten, dass die luziferische Revolte in der himmlischen Welt, die wir Himmel nennen, begann, weil Luzifer die Vorherrschaft Adonays mit der Begründung in Frage stellte, dass sein Plan für die Herrschaft über das Universum schwach und unpraktisch sei, weil er auf der Prämisse basierte, dass alle geringeren Wesen aus Respekt vor seiner unendlichen Vollkommenheit dazu erzogen werden könnten, ihn zu kennen, ihn zu lieben und ihm zu dienen.

Luzifer behauptete, dass die einzige Möglichkeit, das gesamte Universum zu beherrschen, darin besteht, eine totalitäre Diktatur zu errichten und den Willen des Diktators mit absoluter Willkür durchzusetzen. Das Wort Universum, wie es von denen verwendet wird, die die luziferische Ideologie in dieser und anderen himmlischen Welten akzeptiert haben, bedeutet die Gesamtheit der existierenden Dinge, einschließlich der Erde, der Himmelskörper und alles andere im Raum.

Man kann dieses so wichtige Thema nicht verstehen, wenn man nicht die ganze Wahrheit kennt. Wir müssen sowohl die luziferische Ideologie als auch die biblische Geschichte des Kampfes kennen, der durch die Zeitalter der Zeit in dieser und in anderen Welten zwischen Gott und Luzifer stattgefunden hat, um zu entscheiden, welcher Plan für die Herrschaft der Schöpfung schließlich in die Tat umgesetzt werden wird. Solange wir nicht die ganze Wahrheit kennen, können wir nicht mit unseren gottgegebenen Gaben des Verstandes und des freien Willens entscheiden, ob wir Gottes Plan annehmen und ihn für alle Ewigkeit lieben, ihm dienen und gehorchen oder buchstäblich zum Teufel (Luzifer) gehen wollen.

Die Absicht derjenigen, die die luziferische Verschwörung leiten, ist es, die Massen - die Gojim, das menschliche Vieh - davon abzuhalten, die ganze Wahrheit zu erfahren, weil sie wissen, dass wir dann automatisch Gottes Plan akzeptieren würden.

Die Luziferianer verlassen sich daher auf ihre Fähigkeit, diejenigen zu belügen und zu täuschen, die sie mit Körper, Geist und Seele versklaven wollen, damit sie alles andere als die Wahrheit glauben. Das ist der Grund, warum Christus die Synagoge des Satans, die die luziferische Verschwörung auf dieser Erde leitet, als „Söhne des Teufels, deren Begierden ihr tun werdet" bezeichnete. Er war von Anfang an ein Mörder. Er kennt die Wahrheit nicht, denn die Wahrheit ist nicht in ihm. Wir müssen uns auch daran erinnern, dass die Worte „Synagoge des Satans" nicht, ich wiederhole, nicht die Juden meinen, denn Christus hat auch ganz klar gesagt, dass die Synagoge des Satans „diejenigen sind, die sich Juden nennen, es aber nicht sind und lügen. Die Synagoge des Satans besteht aus Männern und Frauen vieler Nationalitäten, die ihren Ursprung in Kain, dem Sohn Evas, haben. Mein Wissen über das luziferische Glaubensbekenntnis habe ich durch die Lektüre aller Literatur, die ich zu diesem Thema bekommen konnte, und durch das Lesen und Studieren der Übersetzungen der Schriften seiner Eminenz Caro y Rodriguez, Kardinal von Santiago, Chile, erworben. Ich gebe dieses Wissen weiter, damit Sie sich in der einen oder anderen Frage entscheiden können.

Das luziferische Glaubensbekenntnis lehrt, dass Luzifer der hellste und intelligenteste der himmlischen Heerscharen war. Seine Macht und sein Einfluss waren so groß, dass er, als er die Macht und Vorherrschaft Gottes (Adonay) herausforderte, eine große Anzahl höherer himmlischer Wesen dazu brachte, von Gott abzufallen und sich ihm anzuschließen. Unter ihnen war auch Satan, der älteste Sohn Adonays. Nach dem luziferischen Glauben ist der heilige Erzengel Michael der Bruder Satans und der jüngere Sohn Adonays. Die luziferischen Lehren geben zu, dass der heilige Michael diejenigen besiegt hat, die sich im Himmel für die luziferische Sache eingesetzt haben. Damit begann die ewige Feindschaft zwischen Satan und St. Michael. Nach der luziferischen Lehre ist „Hölle" das Wort, das verwendet wird, um die himmlische Welt zu bezeichnen, in die Gott Luzifer und die intelligenteren himmlischen Wesen, die ihm aus freiem Willen gefolgt waren, verbannt hat. Nach dem luziferischen Glaubensbekenntnis beschloss Gott (Adonay), den Geschöpfen, die seiner Meinung nach getäuscht worden waren und sich der luziferischen Revolte angeschlossen hatten, eine weitere Chance zu geben.

Deshalb schuf er andere Welten, einschließlich dieser Erde, und bevölkerte sie mit den weniger Schuldigen, die zur Zeit der Revolte im Himmel von ihm abgefallen waren. Er schuf sie nach seinem Ebenbild und seiner Ähnlichkeit, insofern als sie Körper waren, die vom geistigen Licht der heiligmachenden Gnade durchdrungen waren. Sie sahen genauso aus wie Christus, als er Petrus, Jakobus und Johannes erlaubte, ihn verklärt zu sehen. Gott führte diese gefallenen Engel durch eine Geburtsmethode in die neuen Welten ein, die sie der persönlichen Kenntnis ihrer früheren Existenz beraubte. Er stattete sie jedoch mit einem Intellekt aus und gab ihnen die Möglichkeit, einen freien Willen zu haben. Ihr Verstand war so beschaffen, dass sie Eingebungen aus der himmlischen Welt empfangen konnten, sowohl von denen, die Gott treu blieben, als auch von denen, die sich der luziferischen Sache angeschlossen hatten. Die Angeklagten sind dazu bestimmt, diese Eingebungen mit Hilfe ihres Verstandes zu sortieren. Der Körper setzt die Entscheidungen des Verstandes in die Tat um. Alle körperlichen Handlungen müssen entweder positiv oder negativ sein. Jede körperliche Handlung wird im „Buch des Lebens" aufgezeichnet. Der Einzelne entscheidet so über seine ewige Zukunft; durch seine körperlichen Handlungen beweist er, ob er Gottes Plan für die Herrschaft des Universums oder Luzifers Plan angenommen hat. Die Ergebnisse sind entweder „gut" oder „böse".

Nach dem luziferischen Glaubensbekenntnis machte Luzifer den Satan zum Zeitpunkt der Schöpfung zum „Fürsten dieser Welt". Seine Aufgabe war es, unsere ersten Eltern dazu zu bringen, sich von Gott (Adonay) abzuwenden und ihre Nachkommen daran zu hindern, seinen Plan für die Herrschaft der Schöpfung auf dieser Erde zu verwirklichen. Dieses Glaubensbekenntnis lehrt auch, dass Gott im Garten Eden (Paradies) wandelte, ohne dass die Eltern sie über seinen Plan und seine Lebensweise belehrten.

Bis zu diesem Punkt scheint es keinen großen Unterschied zwischen den Lehren des luziferischen Glaubensbekenntnisses und der Heiligen Schrift zu geben; der Unterschied beginnt sich ab dem Zeitpunkt zu zeigen, an dem Satan die Szene betritt.

Das luziferische Glaubensbekenntnis lehrt (die Eingeweihten der niederen Grade der Neuen Palladianischen Riten, wie sie von Albert Pike organisiert wurden - dazu später mehr), dass Gott (Adonay) ein eifersüchtiger und selbstsüchtiger Gott ist; er hat unseren ersten Eltern das Wissen über die Freuden des Geschlechtsverkehrs - das Geheimnis der Fortpflanzung - vorenthalten, weil er diese Freuden für sich selbst reservieren wollte. Das ist natürlich eine Lüge.

Gott verschob einfach die Bekanntgabe Seines Willens bezüglich der Fortpflanzung an unsere ersten Eltern, bis Er ihre Ehrlichkeit, Integrität und Gehorsam gründlich geprüft hatte, um sicherzustellen, dass sie zuverlässig genug waren, um mit dem Geheimnis betraut zu werden, und würdig genug, um diese heilige und geheiligte Funktion auszuführen, die anderen eine Chance geben würde, Gottes Plan für die Herrschaft der Schöpfung zu akzeptieren. Denjenigen, die in den Neuen Palladianischen Ritus eingeweiht wurden, wird gesagt, dass Satan dem Menschengeschlecht die größtmögliche Wohltat erwies, als er Eva in die Freuden des Geschlechtsverkehrs einweihte und ihr so das Geheimnis der Fortpflanzung vermittelte. Die Heilige Schrift sagt uns, dass Satan sie dazu brachte, Gott ungehorsam zu sein ("Vom Baum der Erkenntnis sollst du nicht essen"), indem er ihr versprach, dass, wenn sie seine Annäherungsversuche annehme, sie und Adam an

Macht Gott gleichgestellt würden und niemals den Tod kennen würden. Mit anderen Worten: Satan führte Eva in die luziferische Ideologie in Bezug auf Sex und sexuelle Beziehungen (fleischliche Erkenntnis) ein, die den Absichten Gottes diametral entgegengesetzt sind; der Zeugungsakt sollte von einem Mann und einer Frau vollzogen werden, die durch den Bund der Ehe auf Lebenszeit verbunden sind. Das Ritual sollte in strenger Abgeschiedenheit vollzogen werden; das Liebesspiel sollte auf dem gegenseitigen Ausdruck von Freude, Wertschätzung, Hingabe und Dankbarkeit beruhen, die jeder dem anderen entgegenbrachte. Der Höhepunkt sollte durch den spirituellen Wunsch beider Parteien erreicht werden, Gottes Plan für die Bewohnung der Welt zu fördern, indem ein weiteres Wesen geschaffen wird, das heranwächst, um Gott zu lieben, zu ehren und ihm zu gehorchen, um für immer mit ihm glücklich zu leben.

Die Eroberung Evas durch Satan war eine ganz andere Angelegenheit, wie sie im Ritual der Adonaizid-Messe (Schwarze Messe) nachgespielt wird. Nach dem Ritual dieser Messe war Satans Liebesspiel darauf angelegt, die tierischen Leidenschaften in Eva so weit zu erregen, dass die Befriedigung des Sexualtriebs alle anderen Erwägungen übertraf. Er lehrte sie, wollüstig zu sein, statt bescheiden und zurückhaltend; promiskuitiv zu sein, statt ihrem Gatten treu zu sein; sich zu exhibitionistisch zu verhalten, statt die strenge Privatsphäre zu wahren; sich in Perversionen zu stürzen und sich Exzessen hinzugeben, statt sich zu mäßigen. Dem Satanismus zufolge ist es völlig normal, jedes Mittel zur Befriedigung des Sexualtriebs zu nutzen, egal ob es sich um ein Tier oder einen Menschen handelt. Der babylonische Talmud (der auf den kabbalistischen Lehren der Förderer der luziferischen Verschwörung beruht) lehrt, dass es für einen Mann völlig in Ordnung ist, Kinder im Alter von nur drei Jahren zu benutzen, um seine teuflischen tierischen Leidenschaften zu befriedigen. Das luziferische Glaubensbekenntnis behauptet, Kain sei als Ergebnis der Vereinigung zwischen Satan und Eva geboren worden.

Da wir wissen, dass diese Schrecken in Bezug auf Sex der luziferischen Ideologie entsprechen, können wir den satanischen Einfluss erkennen, der solche Ideen inspiriert. Aber es ist schwer zu verstehen, wie Geistliche christlicher Konfessionen die folgenden Theorien über den ehelichen Akt darlegen können.

Kürzlich lasen wir in kirchlichen Veröffentlichungen, die die Meinung der Führer zweier verschiedener Konfessionen wiedergeben, dass es für ein verheiratetes Paar vollkommen richtig ist, Geschlechtsverkehr an einem beliebigen Ort, zu einer beliebigen Zeit (auch während der Menstruation) und in einer beliebigen Stellung zu haben, vorausgesetzt, der Akt endet so, dass eine Empfängnis möglich ist. Nachdem wir diesen abscheulichen Rat gelesen hatten, kamen wir zu dem Schluss, dass die Autoren zweifellos ihr Zölibatsgelübde eingehalten hatten! Es besteht ein großer Unterschied zwischen dem sexuellen Genuss zur bloßen Befriedigung der tierischen Leidenschaften und der heiligen Beziehung, die ein Mann mit seiner Frau eingeht, die an Körper, Geist und Seele rein ist und bleibt.

Die Befriedigung tierischer Leidenschaft ist grob, aggressiv, oft pervers und sadistisch. Der Akt der Liebe und Zuneigung zwischen einem Mann und seiner Frau, die ineinander verliebt sind, ist ein heiliges und heiliges Ritual, das wahrhaftig als „Sakrament" bezeichnet wird.

Unter dem Einfluss der Propaganda der Illuminaten sind viel zu viele Menschen den Ehevertrag eingegangen, um sexuelle Beziehungen zu legalisieren. Viele Ehen sind nichts anderes als legalisierte Prostitution; noch mehr Ehen sind Scheinehen. Ist es da ein Wunder, dass wir Menschen mit dem Makel der Erbsünde geboren werden? Wir sind in Sünde gezeugt worden, weil der Zeugungsakt nicht dem Willen Gottes entspricht, sondern den Perversionen, die Satan eingeführt hat, als er Eva verführte. In seinem Zorn über unsere ersten Eltern entzog Gott ihnen das Licht der heiligmachenden Gnade; aufgrund ihrer Sünde wurden sie vom Status der Unsterblichen auf den der Sterblichen reduziert und waren dazu verurteilt, Entbehrungen, körperliche Leiden, Krankheit und Tod zu erleiden. Aber Gott hat uns in seiner Barmherzigkeit und Güte durch seinen geliebten Sohn Jesus Christus eine weitere Chance gegeben, die luziferische Ideologie, wie sie von den Satanisten gelehrt wird, zu verwerfen und seinen Plan für die Herrschaft über die Schöpfung anzunehmen.

Wenn das, was wir erklären, nicht der Wahrheit entspricht, warum legt die römisch-katholische Kirche dann so großen Wert auf das Dogma von der unbefleckten Empfängnis Marias, der Mutter Jesu Christi? Der römisch-katholische Glaube verlangt von all seinen Mitgliedern zu glauben, dass Maria das einzige menschliche Wesen ist, das ohne den Makel der Erbsünde geboren wurde, weil sie vom Heiligen Geist in Übereinstimmung mit Gottes Plan für den Prozess der Zeugung empfangen wurde.

Wenn Satan nicht eine pervertierte Version der sexuellen Beziehung benutzt hätte, um Adam und Eva von Gott abzubringen, warum haben die Skoptsi dann seit vor Christi Geburt Selbstentmannung praktiziert und entmannen sich immer noch, um zu beweisen, dass sie Sex ablehnen, wie er in seiner pervertierten Form von Satan in die menschliche Ethnie eingeführt wurde. Die Skoptsi glauben, dass sie sich nur dann hundertprozentig dem Dienst des allmächtigen Gottes und der Verwirklichung seines Plans für die

Herrschaft der Schöpfung auf dieser Erde widmen können, wenn sie sich selbst entmannen.

Die Skoptsi spotten über Geistliche und Priester der christlichen Religion, die sich scheuen, sich selbst zu entmannen, um dem allmächtigen Gott einen perfekten Dienst zu erweisen. Die Apostel Christi wurden oft von denen, die ihre Jünger werden wollten, gefragt, ob die Selbstentmannung zwingend erforderlich sei. Matthäus behandelt diese sehr heikle Frage in Kapitel 10,7-12. In Vers 12 heißt es: „Denn es gibt Eunuchen, die von Menschen zu Eunuchen gemacht wurden, und es gibt Eunuchen, die sich selbst zu Eunuchen gemacht haben um des Himmelreichs willen. *Wer es zu empfangen vermag, der empfange es.*[1]

Zu diesem Thema sagte Paulus seinen Anhängern, dass es für Menschen besser sei, auf sexuelle Beziehungen zu verzichten, da die pervertierte Version sexueller Beziehungen viele Menschen vom allmächtigen Gott trennt, was dazu führte, dass Thessalonicher 4:1-7 in die Heilige Schrift geschrieben wurde: „Brüder, so wie ihr von uns gelernt habt, wie ihr wandeln sollt, um Gott zu gefallen - wie ihr ja wandelt -, so bitten und ermahnen wir euch in dem Herrn Jesus, noch größere Fortschritte zu machen. Denn ihr wisst, welche Gebote ich euch durch den Herrn Jesus gegeben habe. Denn das ist der Wille Gottes, eure Heiligung, dass ihr euch der Unzucht enthaltet, dass ein jeder von euch lernt, sein Gefäß zu besitzen in Heiligkeit und Ehre, nicht in der Leidenschaft der Lust wie die Heiden

---

[1] Anmerkung: Die Rede ist von „diesem außergewöhnlichen Opfer". - Anm. d. Red.

(Luziferianer oder Satanisten), die Gott nicht kennen - denn Gott hat uns nicht zur Unreinheit berufen, sondern zur Heiligkeit in Christus Jesus, unserem Herrn.

Auf dieser Grundlage vertritt der heilige Augustinus die Auffassung, dass die Perversion der sexuellen Beziehung, wie sie vom allmächtigen Gott beabsichtigt war, gepaart mit dem Ungehorsam Adams und Evas gegenüber seinem Gesetz und seinem geoffenbarten Plan für die Schöpfung, verschärft durch den Mangel an Glauben an seine Vollkommenheit und unendliche Güte, die Erbsünde darstellt.

Wenn man diese große Wahrheit einmal akzeptiert und verstanden hat, ist es ein Leichtes zu verstehen, wie die anhaltende luziferische Verschwörung auf dieser Erde entwickelt wurde, um die Überlebenden der menschlichen Ethnie mit Körper, Geist und Seele zu versklaven. (Das erklärt auch die gegenwärtige Flut von Sex-Appeal durch Radio, Fernsehen, pornografische Bilder, unzüchtige Darstellungen der weiblichen Figur, sexy Song-Presley-Rhythmus-Rock and Roll).

Voltaire schrieb: „Um die Massen in eine neue Unterwerfung zu führen, müssen die Illuminaten sie anlügen wie der Teufel selbst, nicht zaghaft oder nur für eine gewisse Zeit, sondern kühn und immer. Er sagte seinen Mit-Illuministen: „Wir müssen ihnen große Versprechungen machen und extravagante Phrasen verwenden... Das Gegenteil von dem, was wir versprechen, kann hinterher getan werden... das ist nicht von Bedeutung.

Die römisch-katholische Kirche geht davon aus, dass ein Mensch nicht seinen sexuellen Begierden frönen und gleichzeitig Gott wirksam dienen kann, und verlangt deshalb von denjenigen, die sich um die heiligen Weihen bewerben, das Gelübde der Keuschheit und des Zölibats.

Aber am aufschlussreichsten ist die Tatsache, dass das Wissen um den schrecklichen und gewaltigen Einfluss des Sexes, wie er vom Satanismus gelehrt wird, über das Leben seiner Adepten, dass einige Männer, die als Hohepriester des luziferischen Glaubensbekenntnisses zugelassen wurden, sich selbst entmannt haben oder ihre Ärzte angewiesen haben, sie zu entmannen, um zu verhindern, dass sexuelle Erwägungen ihre Entschlossenheit beeinträchtigen, die luziferische totalitäre Diktatur auf dieser Erde zu errichten. Zuverlässigen Informationsquellen zufolge ist Kadar eine solche Person.

Eine der führenden amerikanischen Zeitschriften veröffentlichte Ende 1956 die Geschichte, wie Kadar in Ungarn die Macht übernahm und den gescheiterten Aufstand beendete. Der Autor behauptete, Kadar sei von seinen Feinden entmannt worden, während er in deren Gewahrsam war. Diese Behauptung ist eine Lüge. Kadar wurde von seinem eigenen Arzt auf eigenen Wunsch kastriert. Er wollte ein vollkommener Adept der luziferischen Sache werden.

Kadar ist ein solcher Fanatiker, dass er, nachdem er den ungarischen Aufstand niedergeschlagen hatte, anordnete, 45.000 gefangene ungarische Jugendliche zu entmannen. Er schickte sie dann in spezielle Lager, wo sie zu Agenten der Illuminaten ausgebildet wurden, um die luziferische Verschwörung in ihrer Endphase zu entwickeln. Das ist alles sehr grausam, aber wahr. N.B.N. erklärte 1956, dass der ungarische Aufstand von den Illuminaten außerhalb Ungarns organisiert worden war und dass sein Zweck darin bestand, die Durchführbarkeit von Pikes Plan, die letzte soziale Katastrophe zwischen den von den Atheisten-Kommunisten kontrollierten Menschen und denen, die sich zum Christentum bekennen, zu provozieren, in der Praxis zu testen. Seither erhaltene Beweise belegen, dass wir mit unseren Behauptungen absolut richtig lagen.

Das luziferische Glaubensbekenntnis lehrt, dass die luziferische Verschwörung so schnell voranschritt, dass Gott beschloss, den heiligen Michael in der Gestalt Jesu Christi auf die Erde zu schicken, um der Verschwörung Einhalt zu gebieten und diejenigen in die Flucht zu schlagen, die die Synagoge von Satan bildeten; es lehrt auch, dass der heilige Michael (Christus) in seiner Mission versagte. Pike baute das Zeremoniell der Adonaizidmesse um die Verführung Evas durch Satan, den Sieg der Luziferianer über Christus und seinen Tod auf Betreiben der Illuminaten auf.

Christus ist gekommen, um uns zu erlösen, indem er uns von den Fesseln des Satans befreit, an die wir gebunden sind. Er sagte uns, dass Satan die Kontrolle über all diejenigen erlangt hat, die in hohen Positionen in der Regierung, in der Religion, in der Wissenschaft und in den sozialen Diensten sitzen. Seine Geburt in einem Stall zeigt uns, dass wir, wenn wir Gottes Plan für die Herrschaft der Schöpfung auf dieser Erde verwirklichen wollen, ganz unten anfangen müssen, um die Mehrheit der Menschheit zu erziehen. Christus machte überdeutlich, dass es hoffnungslos und nutzlos ist, auch nur zu versuchen, an der Spitze zu beginnen. Die Akzeptanz dieser Lektion wird eine geistige Revolution auslösen.

Christus sagte uns auch, dass es nur einen Weg gibt, der luziferischen Verschwörung ein Ende zu bereiten, nämlich den Menschen aller Nationen die ganze Wahrheit über sie zu lehren. Er versicherte uns, dass, wenn wir die Wahrheit allgemein bekannt machen und den Massen erklären würden, dass die luziferische Ideologie ihre absolute Versklavung von Körper, Geist und Seele erfordert, die

Reaktion so ausfallen würde, dass die öffentliche Meinung eine größere Kraft werden würde, als sie kontrollieren könnten. Weishaupt und Pike geben beide diese Wahrheit zu. Sie bestehen darauf, dass jede illuministische Führungskraft, die auch nur im Verdacht steht, überzulaufen, als Verräter hingerichtet werden muss. Weishaupt und Pike geben beide diese Wahrheit zu. Sie bestehen darauf, dass ein Überläufer als Verräter hingerichtet werden muss. Weishaupt schrieb, dass ihre Pläne um dreitausend Jahre zurückgeworfen oder ganz beendet werden könnten, wenn ein einziger Mann ihr Geheimnis verraten würde. Dies ist eine sehr tröstliche Information. Um diesen uns von Christus erteilten Auftrag auszuführen, erzählen wir, wie Weishaupt Thomas Jefferson benutzte, um die überarbeitete Version der luziferischen Verschwörung nach Amerika zu bringen.

Jefferson gehörte zu den Finanziers, Politikern, Ökonomen, Wissenschaftlern, Industriellen, Fachleuten und religiösen Führern, die die Idee von akzeptierten, dass eine von klugen Männern (Illuminaten) geführte Eine-Welt-Regierung der einzige Weg sei, Kriege und Revolutionen zu beenden. Jefferson war so hoch in den Exekutivräten der Illuminaten, dass er heimlich ihre Insignien auf der Rückseite des Großen Siegels von Amerika anbringen ließ, um sich auf den Tag vorzubereiten, an dem sie die Regierung übernehmen würden. Diese Information wird eine große Anzahl amerikanischer Bürger schockieren, daher werden wir authentische Dokumente und historische Ereignisse zitieren, deren Kenntnis der allgemeinen Öffentlichkeit in Kanada und den USA sorgfältig vorenthalten wurde.

1789 bestätigte John Robison, selbst ein Hochfreimaurer, dass die Illuminaten in amerikanische Freimaurerlogen eingedrungen waren.

Am 19. Juli 1798 warnte David A. Pappan, Präsident der Harvard-Universität, die Abschlussklasse vor dem Einfluss des Illuminismus auf die amerikanische Politik und Religion. (Wir fragen uns, was er über Harvard selbst sagen würde, wenn er heute noch leben würde!)

Am Thanksgiving Day 1789 predigte Jedediak Morse gegen den Illuminismus. Er warnte seine Gemeinde und die Menschen in den Vereinigten Staaten, dass die Illuministen ihre wahren Absichten verschleiern, indem sie sich in Freimaurerlogen einschleusen und ihre subversiven Handlungen und Absichten unter dem Deckmantel der Philanthropie verstecken.

1799 deckte John Cosens Ogden die Tatsache auf, dass Illuministen in Neuengland unermüdlich damit beschäftigt waren, Religion und Regierung in Amerika unter vorgetäuschter Rücksichtnahme auf deren Sicherheit zu zerstören.

1800 kandidierte John Quincy Adams gegen Jefferson für das Amt des Präsidenten der Vereinigten Staaten. Adams hatte die Neuengland-Freimaurerlogen organisiert. Er schrieb drei Briefe an Col. Wm. L. Stone, in denen er Jeffersons subversive Aktivitäten aufdeckte. Die in diesen Briefen enthaltenen Informationen sollen dazu beigetragen haben, dass Adams die Wahl gewinnen konnte. Die erwähnten Briefe sind (oder waren) in der Rittenhouse Sq. Bibliothek, Philadelphia.

1800 nahm Kapitän Wm. Morgan die Aufgabe auf sich, andere Freimaurer darüber zu informieren, wie und warum die Illuminaten ihre Logen für subversive Zwecke nutzten. Die Illuminaten beauftragten eines ihrer Mitglieder, Richard Howard, damit, Morgan als Verräter hinzurichten. Morgan versuchte, nach Kanada zu fliehen. Er scheiterte.

Avery Allyn gab eine eidesstattliche Erklärung ab und schwor, dass er gehört hatte, wie Richard Howard bei einem Treffen der Tempelritter in St. John's Hall, New York, berichtete, wie er seinen Auftrag, Morgan „hinzurichten", erfolgreich abgeschlossen hatte. Daraufhin wurden Vorkehrungen getroffen, um Howard nach Liverpool, England, zurückzuschicken. Freimaurerische Aufzeichnungen belegen, dass als Folge dieses Vorfalls Tausende von Freimaurern aus der Northern Jurisdiction austraten.

1829 hielt eine englische Illuministin namens „Fanni" Wright im neuen Freimaurertempel in New York einen Vortrag vor einer sorgfältig ausgewählten Gruppe von Illuministen. Sie erklärte die luziferische Ideologie der „freien Liebe" und der „sexuellen Freiheit". Sie informierte die amerikanischen Illuministen auch über die Absicht, den atheistischen Kommunismus zu organisieren und zu finanzieren, um ihre eigenen geheimen Pläne und Ambitionen zu fördern. Zu denen, die halfen, diese Phase der luziferischen Verschwörung in die Tat umzusetzen, gehörten Clinton Roosevelt (ein direkter Vorfahre von F.D. Roosevelt), Horace Greeley und Charles Dada.

1834 organisierten die Genannten zur Verschleierung ihrer wahren Absichten die Loco-Foco-Partei.

1835 änderten sie den Namen in „The Whig Party" und nutzten ihn, um die Gelder zu beschaffen, mit denen Mordecai Mark Levi (Karl Marx) finanziert wurde, während er in Soho, London, England, das „Kommunistische Manifest" und „Das Kapital" schrieb. Diese beiden Publikationen wurden unter direkter Aufsicht der Illuminaten verfasst. Sie sollten die Illuminaten in die Lage versetzen, den atheistischen Kommunismus zu organisieren, wie es der 1776 fertiggestellte Plan von Adam Weishaupt vorsah.

1834 ernannten die Illuminaten Giuseppe Mazzini zu ihrem „Direktor für politische Aktivitäten". Dieser Titel war eine Tarnung für das Amt des „Direktors für revolutionäre Aktivitäten". Leon de Poncins bestätigt auf Seite 65, was ich in diesem Zusammenhang in „Pawns in the Game" und „Red Fog Over America" veröffentlicht hatte, nämlich dass Mazzini in engem Kontakt mit den revolutionären Aktivitäten von Führern auf der ganzen Welt stand und diese leitete. Mazzini traf General Albert Pike kurz nachdem Präsident Jefferson Davis seine indianischen Hilfstruppen wegen Gräueltaten, die sie unter dem Deckmantel des Krieges begangen hatten, aufgelöst hatte. Pike war totalitär gesinnt und stimmte bereitwillig zu, den Illuminaten beizutreten.

1850, im Alter von 41 Jahren, schleuste sich Albert Pike in die Freimaurerei ein und wurde in die Western Star Lodge in Little Rock, Ark, aufgenommen. Unterstützt von den Illuminaten, war sein Aufstieg in der Freimaurerei phänomenal.

Am 2. Januar **1859** wurde Pike zum Souveränen Großkomtur des Obersten Rates der Südlichen Jurisdiktion der USA gewählt. Er kam in engen Kontakt mit einem Adepten des luziferischen Glaubensbekenntnisses namens Moses Holbrook, der Souveräner Komtur des Obersten Rates von Charleston, S.C. war. Gemeinsam arbeiteten sie das Ritual für eine modernisierte Version der luziferischen „Schwarzen Messe" aus, die auf kabbalistischen Lehren beruht. Dann starb Holbrook und Pike führte die „Adonaicide Mass" ein, die von denjenigen verwendet werden sollte, die in das volle Geheimnis und den letzten

Grad der Neuen Palladianischen Riten aufgenommen worden waren.

Das Ritual der „Adonaizid-Messe" erfordert, dass der Zelebrant die Priesterin, die die Rolle Evas spielt, in die Freuden des Sex einweiht, wie sie Eva von Satan gelehrt wurden. Auf diese Weise wird der Sieg Satans über Eva verewigt, und die Anwesenden werden daran erinnert, wie Sex immer noch dazu benutzt wird, diejenigen, die sie kontrollieren wollen, dazu zu bringen, sich ebenfalls von Gott abzuwenden.

Das Ritual erfordert auch die Opferung eines Opfers - eines Menschen, eines Tieres oder eines Geflügels. Dieses Opfer wird Luzifer dargebracht, um den Sieg der Synagoge des Satans über Christus zu feiern. Das Blut des Opfers wird herumgereicht und von den Anwesenden getrunken, dann werden Teile des Fleisches gegessen. Dies geschieht, um Christus zu verhöhnen, der gesagt hat: „Wer mein Fleisch isst und mein Blut trinkt, wird das ewige Leben haben". Hinweis: Die Polizei in Chicago ermittelt noch immer in drei Fällen von Ritualmord.

Der Zelebrant entweiht und beschmutzt auch eine von einem Priester der römisch-katholischen Kirche geweihte Hostie. Mit dieser Handlung will er den Anwesenden beweisen, dass Gott (Adonay) nicht der Oberste ist. Sie zeigt auch die Entschlossenheit der Anwesenden, alle anderen Religionen zu zerstören. Anmerkung: Erst kürzlich haben Agenten der Illuminaten den Tabernakel aus einer römisch-katholischen Kirche in New Jersey gestohlen, um an geweihte Hostien zu gelangen.

Alle Adonaizid-Messen enden in einer Orgie aus Essen, Trinken und sexuellen Ausschweifungen. Pike entschied: „Damit ein Adept der höchsten Grade seine Leidenschaften, die so viele Herzen in die Irre führen, vollständig beherrschen kann, musst du Frauen oft und ohne Leidenschaft gebrauchen; so wirst du Herr über deine Begierden, und du wirst die Frauen in Ketten legen. Pike schrieb auch: „Die Brüderloge, die nicht eine Schwesternloge für den gemeinsamen Gebrauch angliedert, ist unvollständig. Siehe Seite 578 von *„La Femme et L'enfant dans la Franc-Maconnerie Universelles"* von A.C. De La Rive, der sich speziell mit Adoptionslogen befasst, die dazu dienen, Frauen in die palladianischen Riten einzuführen. Anmerkung: Wilma Montesi starb, nachdem sie als Priesterin bei einer Adonazid-Messe eingesetzt worden war. Sie hatte an einem Sexualmarathon teilgenommen. Sie starb an einer Überdosis Drogen, die zur Stimulierung des sexuellen Appetits verabreicht wurden, und an körperlicher Erschöpfung. Ihre Leiche wurde an einem Strand bei Neapel in Italien gefunden. In den Skandal waren hohe Beamte von Kirche und Staat in Italien verwickelt.

Wegen seines Einsatzes für die luziferische Sache wurde Pike zum Souveränen Papst der universellen Freimaurerei gewählt. Als solcher wurde er von zehn Ältesten der Obersten Loge des Großen Orients von Charleston, S.C., unterstützt. In seinem 1840 in Little Rock, Ark. errichteten Herrenhaus entwarf er den Plan für die letzten Phasen der luziferischen Verschwörung. Wie wir später noch beweisen werden, wird der letzte soziale Kataklysmus zwischen den von den Atheisten-Kommunisten kontrollierten Massen und den Massen, die der christlichen Religion anhängen, stattfinden. Dieser teuflische Plan rechtfertigt die Definition des Wortes „Gojim" als „menschliches Vieh, das für die Schlachtung vorbereitet wird".

Um diesen teuflisch inspirierten Plan in die Tat umzusetzen, organisierte Pike die New Palladian Rites. Er befahl Mazzini, in Rom und Berlin Oberste Räte einzurichten, die mit dem von ihm eingerichteten Hauptquartier in Charleston, S.C., zusammenarbeiten sollten. Der Oberste Rat in Rom sollte die „Politische Aktion" leiten; der in Berlin sollte das Dogmatische Direktorium sein. Die drei Obersten Räte sollten die subversiven Aktivitäten der 23 anderen Räte leiten, die Pike an strategischen Orten in Nordamerika, Südamerika, Europa, Asien, Afrika und Ozeanien organisiert hatte. Anmerkung: Es waren leitende Mitglieder dieser Räte, die nach Georgien flogen, um an dem Geheimtreffen teilzunehmen, das vom 14. bis 17. Februar 1957 im King & Prince Hotel auf St. Simon's Island stattfand, wie in der Mai-Ausgabe von N.B.N. berichtet.

Um zu beweisen, dass das „Vollständige Geheimnis" nur denjenigen bekannt gemacht wird, die sich für die Einweihung in den letzten Grad des Palladianischen Ritus qualifizieren, der sie zu Mitgliedern der „Großen Weißen Loge" und zu Hohepriestern des luziferischen Glaubensbekenntnisses macht, werden wir einen Brief zitieren, den Mazzini an Dr. Breidenstine schrieb, bevor er zum Adepten des letzten Ritus gemacht wurde. Er schrieb:

> Wir bilden eine Vereinigung von Brüdern in allen Teilen der Welt. Wir wollen jedes Joch brechen. Doch es gibt eines, das unsichtbar ist, das wir kaum spüren, das aber auf uns lastet. Woher kommt es? Woher kommt es? Keiner weiß es, oder zumindest sagt es keiner. Diese Vereinigung ist selbst für uns, die Veteranen der Geheimbünde ein Geheimnis.

Um die endgültige soziale Katastrophe zwischen Kommunisten und Christen herbeiführen zu können, musste Pike Illuministen die Kontrolle über die politische Politik des Vatikans übertragen. Um es den Illuminaten zu ermöglichen, in den Vatikan einzuschleusen, befahl Pike Mazzini, eine gegen den Vatikan gerichtete Atmosphäre in

Europa aufzubauen, bis, wie wir wissen, das Leben aller im Vatikan bedroht war. Dann intervenierte Karl Rothschild, der Sohn von Mayer Anselm Rothschild (der Weishaupts Organisation der Illuminaten finanzierte), im Namen des Vatikans mit der Begründung, er wolle unnötiges Blutvergießen verhindern. So gewann eines der höchsten Mitglieder der Illuminaten die Dankbarkeit und Anerkennung des Papstes und der vatikanischen Beamten. So machten sie Weishaupts Prahlerei wahr, als er schrieb: „Wir werden in diesen Ort (den Vatikan) eindringen, und wenn wir einmal drinnen sind, werden wir nie wieder herauskommen. Wir werden ihn von innen her aufbohren, bis er nur noch eine leere Hülle ist.'

Seit die Illuminaten in den Vatikan eingedrungen sind, haben diejenigen, die die luziferische Verschwörung leiten, zwei Weltkriege angezettelt, die die Christenheit in gegnerische Armeen gespalten haben, und die Christen aller Konfessionen haben sich gegenseitig millionenfach vom Angesicht der Erde weggeblasen. Das Endergebnis ist, dass die vom atheistischen Kommunismus kontrollierten Massen jetzt genauso stark sind wie das, was von der Christenheit übrig geblieben ist. Was bis heute geschehen ist, ist streng in Übereinstimmung mit Weishaupts Revision der luziferischen Verschwörung. Die Art und Weise, wie es geschehen ist, entspricht genau dem Plan, den Albert Pike zwischen 1850 und 1886 in seinem Haus in Little Rock, Ark, erstellt hat. Die Geheimarchive des Vatikans sind so vollständig wie kein anderes auf dieser Welt. Was für ein Unterschied hätte sich in der Geschichte ergeben, wenn die Illuminaten nicht die Macht gehabt hätten, allen Regierungen, politischen und religiösen, eine Verschwörung des Schweigens aufzuerlegen.

Ich habe viele Briefe von Priestern, die in Rom gelebt und im Vatikan studiert haben. Sie liefern eine Fülle von

Beweisen dafür, dass der Heilige Vater kaum besser ist als ein Gefangener im Vatikan, genau so wie der Präsident der Vereinigten Staaten ein Gefangener im Weißen Haus, die Königin von England ein Gefangener im Buckingham Palace und Chruschtschow ein Gefangener im Kreml ist. Nur einmal in den letzten Jahren wurde die ständige Überwachung des Papstes gelockert. Das war, als man glaubte, seine Heiligkeit sei dem Tode geweiht. Es heißt, er sei so tief gesunken, dass nur ein modernes Wunder ihm die Kraft geben konnte, einen Beamten zu rufen, von dem er wusste, dass er ihm vertrauen konnte. Er befahl diesem Beamten, einen Aufruf an zu senden und alle römischen Katholiken zu bitten, „für die stille Kirche zu beten".

Pike beschränkte die Aufnahme in den Neuen Palladianischen Ritus auf Männer und Frauen, die nachweislich von Gott abtrünnig geworden waren und ihre Seelen im Gegenzug für materiellen Erfolg und fleischliche Vergnügungen an Satan verkauft hatten. Aber die List und Arglist derer, die die Synagoge Satans kontrollieren, ist so groß, dass nicht einmal Mitglieder des Neuen Palladianischen Ritus in das volle Geheimnis eingeweiht werden, bevor sie nicht weiter geprüft worden sind. Die Art und Weise, wie die „Große Weiße Loge" (die Hohepriester des luziferischen Glaubensbekenntnisses) ihr Geheimnis bewahrt, wurde deutlich, als ein weiterer Akt Gottes bewirkte, dass streng geheime Dokumente, die von Pike herausgegeben worden waren, in andere Hände als die beabsichtigten gerieten. Mazzini starb im Jahr 1872. Pike wählte Adriano Lemmi zu seinem Nachfolger als Direktor für politische Aktionen. Lemmi war in den Neuen Palladianischen Ritus eingeweiht worden. Er war ein Anbeter des Satans.

Pike weihte ihn in das ganze Geheimnis ein. Er erklärte ihm, dass Luzifer der einzige Gott neben Adonay sei und dass der eigentliche Zweck der anhaltenden Verschwörung darin bestehe, der Menschheit die luziferische Ideologie aufzuzwingen.

Die Fakten zu diesem Vorfall wurden in Margiottas Buch „Adriano Lemmi Chef Supreme des Franc Masons" enthüllt. Die Tatsache, dass nur die wenigen Eingeweihten des höchsten Grades der palladianischen Riten im Besitz des vollen Geheimnisses sind, wurde erneut bewiesen, als Pike es für notwendig hielt, den folgenden Brief an die Illuministen zu schreiben, die er ausgewählt hatte, um die Aktivitäten der 23 Räte zu leiten, die er in der ganzen Welt eingerichtet hatte. Eine Kopie dieses Briefes vom 14. Juli 1889 ist ebenfalls verloren gegangen. Er wird von A.C. De La Rive auf Seite 587 von *„La Femme et L'enfant dans la Franc-Maçonnerie Universelles"* zitiert.

Wir zitieren,

> Das, was wir der Menge sagen müssen, ist: „Wir beten Gott an", aber es ist der Gott, den man ohne Aberglauben anbetet... Die freimaurerische Religion sollte von uns allen, den Eingeweihten der hohen Grade, in der Reinheit der luziferischen Lehre aufrechterhalten werden... Wenn Luzifer nicht Gott wäre, würden Adonay, dessen Taten seine Grausamkeit, seine Niedertracht und seinen Hass auf die Menschen beweisen, Barbarei und Abscheu vor der Wissenschaft, würden Adonay und seine Priester ihn verleumden? Ja! Luzifer ist Gott. Und leider ist Adonay auch Gott. Denn das ewige Gesetz ist, dass es kein Licht ohne Schatten, keine Schönheit ohne Hässlichkeit, kein Weiß ohne Schwarz gibt, denn das Absolute kann nur als zwei Götter existieren. So ist die Lehre des Satanismus eine Häresie, und die wahre und reine philosophische Religion ist der Glaube an Luzifer, der Adonay gleich ist, aber Luzifer, Gott des Lichts und Gott des Guten, kämpft für die Menschheit gegen Adonay, den Gott der Finsternis und des Bösen.

Die Geschichte beweist, dass sich die Verschwörung seit 1776 genau so entwickelt hat, wie Weishaupt es beabsichtigt hatte, weil diejenigen, die sie leiten, in der Lage waren, ihre endgültige Absicht, das, was von der menschlichen Ethnie übrig geblieben ist - Körper, Geist und Seele - zu versklaven, geheim zu halten. Wir werden nun die Pläne enthüllen, die die Illuminaten von jetzt an bis zum Ende zu verfolgen gedenken.

Sowohl Weishaupt als auch Pike verlangten, dass der politische Zionismus von den Illuminaten organisiert, finanziert und kontrolliert werden sollte, um erstens einen souveränen Staat zu schaffen, in dem sie, die Illuminaten, ihren Anführer zum König und Despoten des gesamten Universums krönen würden, und zweitens, um den Illuminaten die Möglichkeit zu geben, den Dritten Weltkrieg zu schüren. Der politische Zionismus wurde 1897 von Herzl organisiert. Kann irgendjemand, der noch in der Lage ist, seinen gottgegebenen Verstand zu gebrauchen, leugnen, dass dieser Teil des Komplotts nicht gerade jetzt im Nahen und Mittleren Osten entwickelt wird? Wenn wir zulassen, dass der Dritte Weltkrieg ausbricht, werden der Zionismus und die muslimische Welt ausgelöscht und die verbleibenden Nationen als Weltmächte eliminiert, und dann werden nur noch der atheistische Kommunismus und das Christentum zwischen den Illuminaten und ihrem Ziel stehen.

In einem Brief, den Pike am 15. August 1871 an Mazzini schrieb, erklärt er, was nach dem Ende des Dritten Weltkriegs geschehen soll. (Eine Kopie dieses Briefes befindet oder befand sich in der Bibliothek des British Imperial Museum in London, England).

Wir (die Illuminaten) werden die Nihilisten und Atheisten entfesseln und einen gewaltigen sozialen Kataklysmus auslösen, der den Völkern in all seinem Schrecken die

Auswirkungen des absoluten Atheismus, den Ursprung der Wildheit und des blutigsten Aufruhrs, deutlich vor Augen führen wird. Dann werden überall die Bürger, die gezwungen sind, sich gegen die Weltminderheit oder die Revolutionäre zu verteidigen, diese Zerstörer der Zivilisation ausrotten, und die vom Christentum enttäuschte Menge, deren deistische Geister von diesem Augenblick an ohne Kompass (Richtung) sein werden, wird sich nach einem Ideal sehnen, aber nicht wissen, wo sie es anbeten sollen, wird das wahre Licht empfangen, durch die allgemeine Manifestation der reinen Lehre Luzifers, die schließlich in die Öffentlichkeit getragen wird, eine Manifestation, die sich aus der allgemeinen reaktionären Bewegung ergeben wird, die der Zerstörung des Christentums und des Atheismus folgen wird, die beide gleichzeitig besiegt und ausgerottet werden.'

Wer immer noch an der Wahrheit zweifelt, dem sei gesagt, dass Seine Eminenz Kardinal y Rodriguez von Chile 1925 versuchte, sowohl Katholiken als auch Freimaurer vor ihrem bevorstehenden Schicksal zu warnen.

Als F.D. Roosevelt zum Präsidenten der USA gewählt wurde, war er sich so sicher, dass die Verschwörung noch zu seinen Lebzeiten ihr endgültiges Ziel erreichen würde, dass er 1933 die Insignien der Illuminaten (die Jefferson heimlich auf die Rückseite des großen amerikanischen Siegels hatte prägen lassen) auf die Rückseite der amerikanischen Dollarnoten drucken ließ. Damit sollte den Illuminaten in aller Welt mitgeteilt werden, dass die Illuminaten nun die absolute Kontrolle über das amerikanische Finanzwesen, die Politik und die Sozialwissenschaften innehatten. Roosevelt nannte dies „The New Deal".

Roosevelts Außenpolitik baute den atheistischen Kommunismus auf, bis er dem Christentum in jeder Hinsicht gleich stark war. Er war so zuversichtlich, dass er der erste Königsdespot sein würde, dass er 1942 die Dreistigkeit besaß, Winston Churchill zu sagen: „Die Zeit ist gekommen, in der das britische Empire im Interesse des Weltfriedens aufgelöst werden muss. Dieser Vorfall ereignete sich in Vallentia Harbout, Neufundland, als sie zum ersten Mal zusammenkamen, um über die NATO zu sprechen. Auf welche Art von Frieden bezog sich Roosevelt? Frieden unter einer luziferischen Diktatur, das meinte er!

Wir werden nun zeigen, wie die Illuminaten in das britische Königshaus eingedrungen sind. Seit 1942 ist Admiral Louis Mountbatten die „Macht hinter dem Thron" in Großbritannien. Unter seinem Einfluss und seiner Leitung haben Indien und mehrere andere Teile des Britischen Empire „ihre Unabhängigkeit erlangt". Dies ist eine höfliche Umschreibung dafür, dass sie sich von der britischen Krone losgelöst haben. Was die Öffentlichkeit für eine Wunschvorstellung Roosevelts hielt, wird schnell zu einer vollendeten Tatsache. Roosevelt wusste, was die Illuminaten geplant hatten. Sein Versprecher im Gespräch mit Churchill beweist die Wahrheit des alten Sprichworts: „Wenn der Alkohol drin ist, kommt die Wahrheit raus". Es bleibt die Tatsache, dass das britische Empire in weniger als fünfzig Jahren von der größten Macht der Welt zu einer drittklassigen Macht degradiert worden ist. Die britische Königin ist mit dem Neffen von Admiral Mountbatten verheiratet. Philip wurde vom Admiral „adoptiert", als er noch ein kleiner Junge war.

Jeder weiß, dass Prinz Philip äußerst liberale Ansichten und Meinungen hat. Nur wenige wissen, dass er auf Betreiben seines Onkels in Gordonstoun, Schottland, von Dr. Kurt Hahn, einem von Hitler aus Deutschland vertriebenen Illuministen, privat unterrichtet wurde.

Dr. Kurt Hahn ist zweifellos ein Agentur der Illuminaten. In Deutschland war er Mitglied des Exekutivkomitees der Kommunistischen Partei, aber er ist kein Atheist. Er lenkte die kommunistische Politik in Deutschland so, dass sie es den Illuminaten ermöglichte, den Zweiten Weltkrieg anzuzetteln. Man kann ihn nehmen, wie man will, die Tatsache bleibt, dass er ein gut informierter, hoch ausgebildeter und erfahrener Subversiver ist.

Die Gordonstoun School ist nur eine von drei Schulen, die er in Übereinstimmung mit Weishaupts Plan für die Illuminaten gegründet hat, um Jugendliche aus gut erzogenen Familien mit internationalen Neigungen zu indoktrinieren und zu Agenten der Illuminaten auszubilden. Die beiden anderen Schulen, die Dr. Kurt Hahn gegründet hat, befinden sich in Salem, Deutschland, und Anavryta, Griechenland.

Wir möchten klarstellen, dass der N.B.N. nicht behauptet, dass Jugendliche, die auf diese Weise ausgebildet werden, den Zweck, für den sie ausgebildet werden, erkennen. E.H. Norman war ein Jugendlicher, der so ausgebildet wurde. Er kam zu einem sehr unangenehmen Ende. So wie viele der anderen auch. Sie sind nur Schachfiguren im Spiel.

Königin Elisabeth II. ist auch Oberhaupt der protestantischen Kirche in England. Offensichtlich aufgrund von Kräften, die sich ihrer Kontrolle entziehen, wurde Canon C.E. Raven zum geistlichen „Berater" des Königshauses ernannt. Der Kanoniker war dreimal verheiratet. Seine dritte Frau bekannte sich als Atheistin.

Sie wurde als „Heldin der französischen Widerstandsbewegung" bekannt gemacht. Eines ist sicher, seit diese Ernennung vorgenommen wurde, hat Ihre Majestät in ihren Weihnachtsbotschaften an ihr Volk nie auf den allmächtigen Gott Bezug genommen. Aber am bezeichnendsten ist, dass sie in ihrer letzten Ansprache den Jargon der Illuminaten verwendete und sagte: „Die Kettenreaktion der Mächte des Lichts, um das neue Zeitalter (Neue Ordnung), das vor uns liegt, zu erleuchten.

Die Macht der Illuminaten ist so groß, dass sie einen anderen ihrer Agenten (der ebenfalls Hahn heißt) beauftragten, die Thronbesteigung von Elizabeth zu feiern, indem sie diesen in Deutschland geborenen kanadischen Künstler das Foto, das ihre Majestät für die kanadischen Banknoten genehmigt hatte, verändern ließen.

Hahn verbarg geschickt das Gesicht Satans in der Frisur der Königin. In der Symbolik der Illuministen bedeutete dies: „Wir haben jetzt 'das Ohr der Königin' Unsere Agenten sind so nah an ihrer Person, dass sie ihre Anwesenheit nicht einmal vermutet." N.B.N. machte das kanadische Unterhaus durch Herrn John Blackmore, P.M., auf diesen Skandal aufmerksam, woraufhin neue Schilder hergestellt und neue Banknoten ausgegeben wurden. Wir haben versucht, den Ehemann der Königin über die wahren Absichten der Illuminaten zu informieren, aber bisher ohne Erfolg.

Seit Roosevelts Tod wird die amerikanische Außenpolitik und die der UNO von den Illuministen des Council of Foreign Relations bestimmt, die das Harold Pratt Building in New York besetzen. Dieses Hauptquartier der internationalen Intrigen wurde von den steuerfreien Stiftungen der Rockefellers, Fords und Carnegies zur Verfügung gestellt und wird auch von ihnen finanziert. Seit der Jahrhundertwende haben die Rockefellers die Leitung der anhaltenden Verschwörung von den Rothschilds übernommen. Die Außenpolitik bestand darin, den Kommunismus einzudämmen, nicht ihn zu zerstören. Der internationale Kommunismus muss in seiner Stärke der gesamten Christenheit ebenbürtig sein, sonst kann Pikes teuflischer Plan für den letzten sozialen Kataklysmus nicht verwirklicht werden. Es ist diese Politik, die erklärt, warum es MacArthur nicht erlaubt war, den Kommunismus während des Koreakrieges zu zerstören. Es war diese Politik, die die UNO dazu veranlasste, von Großbritannien und Frankreich den Rückzug ihrer Truppen zu verlangen, als diese in Suez landeten, in der festen Absicht, Nassers subversiven Aktivitäten in Ägypten und im Nahen Osten ein Ende zu setzen. Als MacArthur an seiner Absicht festhielt, den Kommunismus zu vernichten, wurde er entlassen.

Als Anthony Eden Truppen nach Ägypten schickte, wurde er ebenfalls entlassen. Weshalb? Ungehorsam gegenüber denen, die die Illuminaten leiten?

Seit Jeffersons Zeiten wurden die Bürger der USA allmählich auf den Tag konditioniert, an dem die Illuminaten beschließen, die Macht zu übernehmen. Genau das Gleiche hat sich in Kanada abgespielt. Wir werden wissen, dass die Stunde der Unterwerfung gekommen ist, wenn der Präsident der USA und der Premierminister Kanadas den Notstand ausrufen und eine Militärdiktatur errichten, unter dem Vorwand, dass eine solche Aktion notwendig sei, um das Volk vor kommunistischer Aggression zu schützen. Die kommunistischen Parteien in unseren beiden Ländern werden „eingedämmt", weil die Illuminaten beabsichtigen, sie zu benutzen, um den „Ausnahmezustand" herbeizuführen. Das F.B.I. und die R.C.M.P. könnten innerhalb von 48 Stunden jeden Kommunisten und jede andere Art von Subversiven aus dem Weg räumen, wenn es ihnen erlaubt würde, dies zu tun. Die Leiter des F.B.I. und der R.C.M.P. wissen, wer die geheimen Mächte sind. Nur die allgemeine Unterstützung der Öffentlichkeit wird sie von den Ketten befreien, mit denen sie, wie der Rest von uns, gebunden sind.

Wenn den Kommunisten der Aufstand befohlen wird, wird man ihnen erlauben, sich wie in Russland auszutoben, bis sie alle ermordet haben, deren Namen auf den Liquidationslisten der Illuminaten stehen. Dann werden die Agenten der Illuminaten auf der Bildfläche erscheinen und unter dem Vorwand, sie seien die Retter des Volkes, die Kontrolle übernehmen. Lenin prahlte: „Wenn die Zeit gekommen ist, werden die Vereinigten Staaten wie überreifes Obst in unsere (der Illuminaten) Hände fallen. Der Plan, mit dem die Illuminaten die Macht von den Kommunisten übernehmen wollen, ist abgeschlossen.

Das Personal wurde ausgewählt, um die Einzelheiten des Plans auszuführen. Sie werden in dem als „Dreizehn Dreizehn" bekannten Gebäude in Chicago, East 60th Street, ausgebildet. Es befindet sich auf einem Grundstück, das der Universität von Chicago gehört. Dieses Ausbildungszentrum der Illuministen wird von denselben Stiftungen finanziert, die auch den Council of Foreign Relations in New York finanzieren. Die Illuministen, die an diesem Projekt beteiligt sind, nennen sich „The Public Administration Services". Sie geben vor, die bürgerlichen Verwaltungen und Sozialdienste zu verbessern. In Wirklichkeit bilden sie ausgewählte Agenten aus, um Schlüsselpositionen auf allen Ebenen der öffentlichen Verwaltung zu besetzen.

Absolventen des öffentlichen Verwaltungsdienstes wurden von den Illuminaten bereits als „Spezialisten", „Experten" und „Berater" bei den folgenden Vereinigungen eingesetzt:

❖ Am Public Works Assn.

❖ Öffentlicher Personalverband.

❖ Konferenz der Gouverneure

❖ Verband der kommunalen Finanzbeamten (Municipal Finance Officers Assn.)

❖ Nationale Vereinigung der Generalstaatsanwälte

❖ International City Mgrs Assn.

❖ Am. Ausschuss International Municipal Assn.

❖ Am. Municipal Assn.

❖ Konferenz der Generalstaatsanwälte

❖ Öffentlicher Verwaltungsdienst

❖ Nationales Institut der Gemeindebeamten

❖ Nat. Verband der staatlichen Haushaltsbeamten (Assn. of State Budget Officers)

❖ Verband der Steuerverwalter

❖ Nat. Assn. of Housing & And Redevelopment

❖ Rat der Staatsregierungen

❖ Am. Public Welfare Assn.

❖ Zwischenstaatliche Clearingstelle für psychische Gesundheit

❖ Am. Gesellschaft für öffentliche Verwaltung

❖ Am. Gesellschaft der Planungsbeamten

❖ Nat. Assn. of Assessing Officers

❖ Nat. Assn. State Purchasing Officials

❖ Nat. Legislativkonferenz

Die Politik derjenigen, die die öffentliche Verwaltung in „Dreizehn-Dreizehn" leiten, besteht darin, dass unter ihnen ausgebildete Agenten zu Stadtmanagern ernannt werden. Die Stadtverwalter ernennen dann andere Absolventen von „Dreizehn-Dreizehn" als Leiter der verschiedenen städtischen Abteilungen. Diese wiederum holen sich andere, die in „Dreizehn-Dreizehn" ausgebildet wurden, bis sie die Kontrolle über die Stadtverwaltung an der Spitze haben. Sie geben vor, dass sie im Interesse der Effizienz arbeiten. In Wirklichkeit entziehen sie den Wählern ihre Befugnisse. Dade County und Miami sowie Chicago werden bereits von Absolventen von „Dreizehn-Dreizehn" kontrolliert. Im Falle von Miami war es notwendig, dass diese Kontrolle sofort eingeführt wurde. Südflorida ist eines der Heiligtümer der Illuminaten, und sie müssen in der Lage sein, ihre Freunde in dieses Heiligtum zu bringen und diejenigen, für die sie keine Verwendung haben, davon auszuschließen, falls und wenn der Notstand ausgerufen wird. Die Illuminaten in Chicago und Miami kontrollieren die städtische Verwaltung, nicht die Menschen

Innerhalb der Mauern von „Dreizehn-Dreizehn" werden Agenten der Illuminaten darin geschult, wie sie kommunale Regierungen und staatliche Parlamente übernehmen und die Gojim (das menschliche Vieh) unterjochen sollen, wenn ihnen dies befohlen wird. Ihnen wird gesagt, dass sie sich zuallererst als „Retter des Volkes" darstellen müssen, die geschickt werden, um die Massen vor weiteren Verfolgungen durch die Kommunisten zu bewahren. Ihnen wird beigebracht, wie sie die Massen aus der kommunistischen Unterdrückung herausführen und sie unter eine neue Unterwerfung durch die Illuminaten stellen können. Das, meine Damen und Herren, ist der Plan. Wenn Sie besser über „Dreizehn-Dreizehn" informiert werden wollen, schicken Sie „Closer-Up", c/o Time for Truth Press, P.O. Box 2223, Palm Beach, U.S.A.

Mit diesem Artikel wollen wir beweisen, dass die Illuminaten von Weishaupt organisiert wurden, um die luziferische Verschwörung zu ihrem endgültigen Ziel zu führen; wir wollen beweisen, dass die Illuminaten an der Spitze von der Synagoge des Satans kontrolliert werden. Die S.O.S. wiederum wird von den wenigen kontrolliert, die in Wirklichkeit die Hohepriester des luziferischen Glaubensbekenntnisses sind, auch bekannt als die „Große Weiße Loge". Wir haben auch versucht zu beweisen, dass der verborgene Zweck der luziferischen Hierarchie darin besteht, uns daran zu hindern, Gottes Plan für die Herrschaft über die Schöpfung auf dieser Erde zu etablieren, um zu verhindern, dass Gottes Wille hier so ausgeführt wird, wie er im Himmel ist. Ihr Ziel ist es, der Menschheit die luziferische Ideologie aufzuzwingen und ihre Edikte durch satanische Willkür durchzusetzen. Zum Zwecke der Täuschung bezeichnen sie die luziferische totalitäre Diktatur als ?die neue Ordnung".

Die luziferische Ideologie verlangt, dass die „Neue Ordnung" aus zwei Klassen besteht - Herrschern und Sklaven. Der Herrscher und seine Gouverneure werden aus den Hohepriestern des luziferischen Glaubensbekenntnisses, ihren Illuminaten und hochrangigen Agenten, einigen Millionären,

Wissenschaftlern, Ökonomen und Fachleuten bestehen, die sich der luziferischen Sache verschrieben haben, sowie aus genügend Polizisten und Soldaten, um den Gojim Gehorsam zu erzwingen.

Alle anderen Menschen sollen durch Kreuzung von Weißen, Schwarzen, Gelben und Roten auf ein gemeinsames Niveau gebracht werden. Die Vermischung der menschlichen Ethnie soll durch künstliche Befruchtung zügig erreicht werden. Frauen werden wissenschaftlich ausgewählt und als menschliche Brutkästen eingesetzt. Sie werden mit dem Samen von speziell ausgewählten Männern geschwängert. Die Geburtenrate wird streng auf den Bedarf des Staates begrenzt. Wie es im teuflischen Plan der Illuminaten heißt: „Nachdem wir die Kontrolle erlangt haben, wird der Name Gottes aus dem Lexikon des Lebens getilgt werden. Im Jargon der Illuminaten bedeutet dies, dass wissenschaftlich angewandte Psychopolitik (Gehirnwäsche) eingesetzt wird, um aus den Köpfen der menschlichen Sklaven jegliches Wissen über den allmächtigen Gott (Adonay) auszulöschen. Die Illuminaten beabsichtigen, aus all jenen Zombies zu machen, für die sie keine besondere Verwendung haben.

Lassen Sie mich diese letzte Warnung aussprechen. Kriege (unabhängig davon, ob sie als Angriffs- oder Präventivkriege bezeichnet werden), Revolutionen (unabhängig davon, ob sie als Gegenrevolutionen bezeichnet werden), rassistische Intoleranz, religiöse Intoleranz, religiöse Fanatismus, Verfolgung und Hass werden keine Lösung für unser Problem bieten. Nur wenn wir die ganze Wahrheit bekannt machen, werden wir der luziferischen Verschwörung auf dieser Erde ein Ende setzen. Wenn wir wegen der damit verbundenen Risiken weiterhin schweigen, wird die luziferische Verschwörung bis zum letzten sozialen Kataklysmus fortschreiten, wenn die Gojim sich mit Hilfe von Atombomben und Nervengas zu zig Millionen gegenseitig abschlachten, während die Illuminaten und ihre Freunde sich an den sonnigen Stränden ihrer Heiligtümer im Luxus sonnen. Diejenigen, die aufstehen und sich für Gott und gegen Luzifer einsetzen wollen, brauchen keine Waffen. Sie brauchen kein Geld. Alles, was sie brauchen, ist in der Heiligen Schrift klar dargelegt. Lesen Sie Epheser 6:10-17.

> Brüder, seid gestärkt in dem Herrn und in seiner Kraft. Zieht den Panzer Gottes an, damit ihr gegen die Machenschaften des Teufels bestehen könnt.
>
> Denn unser Ringen ist nicht gegen Fleisch und Blut, sondern gegen Fürstentümer und Mächte, gegen die Herrscher dieser Finsternis, gegen die geistlichen Mächte der Bosheit in der Höhe. Darum nehmt die Waffenrüstung Gottes an, damit ihr dem bösen Tag widerstehen und in allen Dingen vollkommen sein könnt. So steht nun da, umgürtet mit der Wahrheit und angetan mit dem Brustpanzer der Gerechtigkeit und beschuht mit der Bereitschaft des Evangeliums des Friedens, in allem den Schild des Glaubens ergreifend, mit dem ihr alle feurigen Pfeile des Bösen auszulöschen vermögt. Und nehmt den Helm des Heils und das Schwert des Geistes, das ist das Wort Gottes.'

Könnte irgendetwas klarer und deutlicher sein? Die einzigen Menschen, die wir hassen sollten, sind die Mitglieder der Synagoge des Satans. Sie sind Wölfe im Schafspelz.

Das sind diejenigen, die Christus gehasst und bloßgestellt hat. Wenn wir die Verschwörung des Schweigens durchbrechen, wenn wir darauf bestehen, dass unsere gewählten Vertreter aufhören, Politik zu spielen, und sich an die Arbeit machen, um Gottes Plan für die Herrschaft der Schöpfung auf dieser Erde zu verwirklichen, dann wird

Gott im Namen derer eingreifen, die beweisen, dass sie zu seinen Auserwählten gehören wollen. Die Frage ist an uns gestellt. Wir sind es, die die Entscheidung treffen müssen. Wenn wir aufrichtig den Wunsch haben, für alle Ewigkeit nach Gottes Plan zu leben, dann können wir unsere Aufrichtigkeit nur dadurch beweisen, dass wir daran arbeiten, seinen Plan auf dieser Erde in die Tat umzusetzen. Gottes Plan ist in der Heiligen Schrift detailliert beschrieben. Er steht nicht im Einklang mit der Charta der Vereinten Nationen oder der Ideologie, die von den Ein-Weltlern vertreten wird.

Verschicken oder verteilen Sie Exemplare dieser Ausgabe an alle, die Ihnen einfallen. Es ist erstaunlich, welche Ergebnisse erzielt werden, wenn ein paar Exemplare in gute Hände gelangen. Wenn Sie glauben, was wir erklärt haben, dann ist es Ihre Pflicht, dieses Wissen an so viele andere weiterzugeben, wie Sie erreichen können. Einige wenige werden das Wissen und die Wahrheit annehmen. Andere werden es ablehnen. Das ist nicht eure Angelegenheit. Sie werden nach der Mühe beurteilt, die Sie in die Arbeit stecken, nicht nach den Ergebnissen, die Sie erzielen. Sie müssen sich nicht zur Plage machen.

Verwenden Sie Geduld statt eines Knüppels. Benutze Vernunft statt Beschimpfungen. Seien Sie freundlich und rücksichtsvoll, statt kämpferisch und aggressiv. Bringen Sie die Menschen zum Nachdenken und lassen Sie sie dann spüren, dass sie die Sache selbst durchdacht haben. Diejenigen, die den Illuminaten dienen, widmen jede wache Stunde der Förderung ihrer Sache. Können wir, wenn wir unsere ewige Belohnung verdienen wollen, weniger tun?

Wir brauchen die Mitarbeit des Klerus aller Religionen, die den Glauben an einen anderen Gott als Luzifer lehren. Wir brauchen insbesondere das aktive Interesse aller

Geistlichen der christlichen Religion. Wenn wir sie überzeugen können, den Deckel zu heben und die Verschwörung des Schweigens zu brechen und ihren Gemeinden die ganze Wahrheit zu sagen, werden die Illuminaten nicht in der Lage sein, mit ihrem Plan fortzufahren, den Dritten Weltkrieg und den letzten sozialen Kataklysmus zu schüren. Die geweihten Priester Gottes übernehmen eine große Verantwortung, wenn sie die heiligen Weihen annehmen. Ohne Rücksicht auf die Konsequenzen sind sie aus Pflicht und Ehre verpflichtet, den Mitgliedern ihrer Herde die ganze Wahrheit zu sagen. Wenn sie das nicht tun, lassen sie ihre Schützlinge als unschuldige Opfer derer zurück, die ihre unsterblichen Seelen in Besitz nehmen wollen.

Abschließend stelle ich den 400.000.000 Katholiken auf der ganzen Welt diese Frage. Wenn das, was ich in diesem Artikel erkläre, nicht der Wahrheit entspricht, warum beten Sie dann nach jedem Hochamt das folgende Gebet? Heiliger St. Michael, Erzengel, verteidige uns am Tag des Kampfes; sei unser Schutz gegen die Schlingen und die Bosheit des Teufels. Wir bitten dich demütig, Gott möge ihn zurechtweisen, und du, 0 Fürst der himmlischen Heerscharen, stoße mit der Kraft Gottes den Satan und alle bösen Geister, die in dieser Welt umherirren und das Verderben der Seelen suchen, zur Hölle hinab.

Entweder ist das, was wir Ihnen über die luziferische Verschwörung sagen, die Wahrheit, oder die Worte des obigen Gebetes sind Unsinn. Ich weiß, wer dieses große Gebet verfasst hat. Ich habe euch gesagt, warum er es verfasst hat. Ich bin sicher, dass Gott bereit ist, unsere Gebete zu erhören, sobald wir durch unsere Taten beweisen, dass wir Seines Eingreifens würdig sind.

Epilog

Über den Autor

Die beiden letzten Werke von Commander Carr erscheinen nun posthum. Das erste und kleinste von ihnen ist dieses Werk. Sie befassen sich mit der internationalen Verschwörung und beruhen auf Untersuchungen und Studien, die ihn in fast alle Länder der Welt geführt haben.

Carr hat eine herausragende Karriere bei der Marine gemacht. Sein profunder Hintergrund in Geschichte und Geopolitik, gepaart mit einem scharfen Verstand, ermöglichte es ihm, unermüdlich zu versuchen, Ereignisse bis zu ihrem Ursprung zurückzuverfolgen und Konzepte bis zu ihrem endgültigen Abschluss zu entwickeln.

Die Verschwörung ist nichts für politisch Naive (egal, ob sie eine formale Universitätsausbildung genossen haben oder nicht). Es ist für diejenigen, die sich bereits bewusst sind, dass unsere westliche Zivilisation unter einer Vielzahl von Einflüssen, die zusammenspielen, weiter abwärts rutscht, als es der Zufall erwarten ließe.

Wenn Carr für solche Männer schreibt, zeigt er keine Rachsucht, wie sie bei einigen patriotisch gesinnten Menschen zu beobachten ist. Carr rät zu Liebe und Geduld.

„Sie werden nach dem Aufwand beurteilt, den Sie in die Arbeit stecken, nicht nach den Ergebnissen, die Sie erzielen. Sie müssen sich nicht zur Plage machen.

Verwenden Sie Geduld statt eines Knüppels. Benutze Vernunft statt Beschimpfungen. Seien Sie freundlich und rücksichtsvoll, anstatt kämpferisch und aggressiv. Bringen Sie die Leute zum Nachdenken und lassen Sie sie dann spüren, dass sie die Sache selbst durchdacht haben.

Kein Wunder, dass Carrs Bücher so gut angekommen sind. Einige haben viele Auflagen erlebt. Obwohl er bereits verstorben ist, kann man sich leicht vorstellen, dass er in seinem jetzigen Zustand eifrig mit der Sache der Wahrheit beschäftigt ist.

Andere Titel

DIE ENTEIGNETE MEHRHEIT

DAS TRAGISCHE UND DEMÜTIGENDE SCHICKSAL DER AMERIKANISCHEN MEHRHEIT

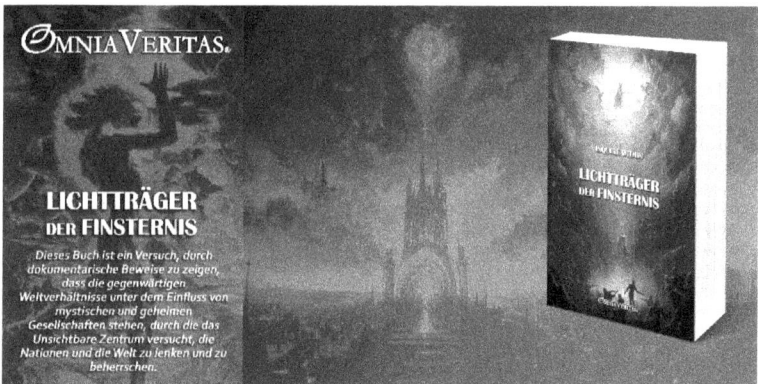

LICHTTRÄGER DER FINSTERNIS

Dieses Buch ist ein Versuch, durch dokumentarische Beweise zu zeigen, dass die gegenwärtigen Weltverhältnisse unter dem Einfluss von mystischen und geheimen Gesellschaften stehen, durch die das Unsichtbare Zentrum versucht, die Nationen und die Welt zu lenken und zu beherrschen.

DIE SPUR DER SCHLANGE

Ein Versuch, die Verehrung der alten Schlange, des schöpferischen Prinzips, des Gottes aller Eingeweihten der Gnostiker und Kabbalisten, die von den hellenisierten Juden in Alexandria ausging, nachzuzeichnen.

OMNIA VERITAS
OMNIA VERITAS LTD PRÄSENTIERT:
JOHN COLEMAN
DAS TAVISTOCK-INSTITUT
für MENSCHLICHE BEZIEHUNGEN
Gestaltung des moralischen, spirituellen, kulturellen, politischen und wirtschaftlichen Niedergangs der Vereinigten Staaten
Ohne Tavistock hätte es weder den Ersten noch den Zweiten Weltkrieg gegeben ...
von John Coleman
Die Geheimnisse des Tavistock Institute of Human Relations

OMNIA VERITAS
OMNIA VERITAS LTD PRÄSENTIERT:
JOHN COLEMAN
Der DROGENKRIEG gegen AMERIKA
Der Drogenhandel kann nicht ausgerottet werden, weil seine Direktoren nicht zulassen werden, dass ihnen der lukrativste Markt der Welt weggenommen wird...
VON JOHN COLEMAN
Die eigentlichen Förderer dieses verfluchten Geschäfts sind die "Eliten" dieser Welt

OMNIA VERITAS
OMNIA VERITAS LTD PRÄSENTIERT:
JOHN COLEMAN
DER KLUB VON ROM
DIE DENKFABRIK DER NEUEN WELTORDNUNG
Die vielen tragischen und explosiven Ereignisse des 20. Jahrhunderts sind nicht von selbst passiert, sondern wurden nach einem bewährten Muster geplant...
VON JOHN COLEMAN
Wer waren die Planer und Schöpfer dieser Großveranstaltungen?

66

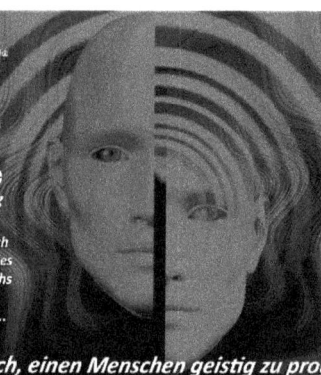

www.ingramcontent.com/pod-product-compliance
Lightning Source LLC
Chambersburg PA
CBHW070257290326
41930CB00041B/2628